JN410887

국경 근처에서 집을 말하다

이승호 시집

인지
생략

들꽃시선 147
국경 근처에서 집을 말하다

지은이/이승호
펴낸이/문창길
초판인쇄/2022년 08월 20일
초판펴냄/2022년 08월 25일
펴낸곳/도서출판 들꽃
주 소/100-273 서울 중구 서애로 27(필동3가) 서울캐피탈빌딩 B202호
전 화/02)2267-6833, 2273-1506
팩 스/02)2268-7067
출판등록/제2-0313호
E-mail:dlkot108@hanmail.net

값 10,000원
* 파본된 책은 바꾸어 드립니다.

ISBN 978-89-6143-223-8 03810

들꽃시선 147

국경 근처에서 집을 말하다

이승호 시집

들꽃

| 시인의 말 |

시가 별반 변화를 겪지 못했다.

움츠러들고 있다는 느낌.

다른 즐거움은 없는데
시를 쓰는 즐거움은 조금 남아 있다.

문학적 좌표란,
언제든 쓸쓸하다.

2022년 여름에 이승호

| 국경 근처에서 집을 말하다 |

차례

제1부

제2부

제3부

제4부

제1부

늦은 가을에게 보낸다

나는 새로워지지 않았고, 늙어갈 것이다
노년에 대하여 노년의 시에 대하여 생각해 본 적이 있지만
대수롭지 않은 것
나는 여전히 숭배자가 아니며 비관론자는 더욱 아니며, 즐겨
새의 노래를 듣는다

결국 인간의 무대는 자기 자신이 아니겠는가
계절과 호흡을 맞추려고
두툼한 옷을 찾다
나는 조금 낡았을 뿐이야, 그렇게 중얼거렸다
낡은 지갑에 대한 믿음처럼 말이지

밭고랑을 닮은 여자 농부
숲에서 나온 그 노인이 굴참나무의 후손일 거라고 생각했으므로

내 것은 하나도 없네
죽음을 빼곤
중얼거리는 버릇, 그것마저 내 것은 아닐 텐데 말이야

가을 숲은 안개 속에서 조금씩 머리를 드러내고 있구나
곧 빛의 시간이 오리라
어느 순간의 멋진 존재들과
나는 눈빛말을 나누고 싶다
유리 공기를 통과하고
얼마간 뜨거운 시간을 보내시려고요?
내 앞으로 달려든 낙엽 한 장에게 그날 처음으로 윙크를 보냈다

책을 덮는다
대가는 겨울을 살면서 이 가을의 아름다움과 쓸쓸함을 한눈으로 그려내고 있다
가을빛이었지, 그는

들판에 피어 있는 늦은 꽃처럼
어느 산은 빛의 일렁임으로 가득하리라

여름 나무 아래서

그의 집 앞에 느티나무 한 그루

우리는 서로 담배를 권하고
떠나온 고향 이야기를 듣는다
농사를 지으며
목수 일을 다니는 그는
나의 애틋한 이웃이다

처음 그를 만난 것은 이 나무 아래

나도 그처럼 맨땅에 앉아 쉬고 싶었다
들깨꽃 향기가 흐르고
그가 놓아 기르는 닭의 그림자가
등 뒤로 지나가는 것을 느낄 수 있었다

이형, 나도 시를 쓰고 싶었어요
발버둥 치며 살았죠

나의 바틀비에게

몸적으로? 육체적이 아니라
몸적이라니
나의 동료는 몹시 지쳐 보였다

그는 오스트리아가 살기 좋다고 했다
우리나라는 인구도 많고 자원도 없고
아마 그는 취하고 싶었으리라

오스트리아든 오스트레일리아든 무슨 상관이 있을까
그날 우리는 때려치우고 싶었으니까

화장실과 계단과 박스 치우는 일을 끝내고 나면
우리는 태평양 같은 홀을 말없이 나눠 닦았다

태평양이 여기에 있어 놀랍게도 그의 혼잣말이 나를
흔들었다
이 쓸쓸한 자는?

그는 몹시 지쳐 보였지만
뉴질랜드가 더 살기 좋다고 했다

어머니와 아들

어머니가 학교에 찾아오셨다
생떼를 부리고 간 아들을 위해
도시락을 들고 십 리 먼 길을 걸어오셨다
밭일을 하다 오셨는지 머리수건을 쓴 어머니는
더없이 촌스러워보였다
"여긴 왜 와, 창피하게"
어머니는 말없이 도시락을 쥐여 주고
발길을 돌려 가셨다
열다섯 살, 철봉대가 뜨끈한 여름날이었다

그 뒤로 어머니가 이 세상을 떠나는 날까지
나는 그날의 잘못을 빌지 못했다

아들의 마음이 이제 이렇게 아픈데
어머니는 얼마나 서글피 울며 가셨을까

어머니는 가끔 내 꿈속으로 찾아오신다
어머니, 저는 시를 쓰고 있어요

그래그래, 어머니는 연신 맞장구만 하신다
매번 꿈속에서 나는 차마 그 말을 꺼내지 못한다

날아라 베토벤

막을 올린 즉흥 연주회
저 못생긴 자가 베토벤이라는 촌뜨기야
갓구운 빵처럼
매럭적인 여성늘이 속닥거리네
저 굵은 목을 봐
나무둥치 같지 않아
필시 피아노를 부수고 말 거야
세계는 나의 고향
술 취한 아버지처럼 매질을 하네
이곳은 조물주의 오두막
개울가 새소리
뇌우를 능가하는
아버지 주먹질이 닿기 전에
솟구쳐야지
나를 비웃는 자들에게
열등감이 무엇인지 알려줘야하고
궁정의 관리들
증권거래소 간부

검열관
장성들과 그들의 요부들 입을 틀어막게
날아라 베토벤
장엄한 미사곡의 처음을
삼십 년 전에 연주하네

재식이네 집

고향에 내려와 늘 혼자 밥집을 찾아다니는 것도 그리 쉬운 일은 아니었다

그날 우연히 한 허름한 식당을 찾았는데,
재식이 어머니가 아니신가

맑고 선한 내 친구 재식이는 술을 이기지 못해
끝내 저 세상으로 떠나고

재식이 처와 재식 어머니 둘이서 백반집을 하고 있었던 것이다
시골집 방을 트고 마당에 식탁 몇 개를 더 놓고,
밥은 조와 콩을 번갈아 섞어 늘 가득 담겼으며
반찬은 보기에도 정성스러웠다

그러나 처음 몇 번은 찾았지만
재식 처의 밥상을 받는 것도 그렇고
어머니의 밥상을 받는 것은 더욱 그렇고 해서

가지 않기로 했다

비례非禮인가

어느 여관에 누워

내 속에 든 술 버러지가
나를 또 버러지로 만들었구나

어젯밤 시장 골목에서 묘한 향을 풍기는 그년에게 몽땅 털리고

오늘은 남해 어느 여관에 누워 물을 켜고 있으니
소곤거리는 댓잎소리 원숭이 웃음소리 온통 나를 비웃는 것만 같구나

낫질에 관하여

사내라면 능숙한 솜씨의 낫질을 부러워하지
우리는 형제임을 알아보고
엇비슷한 솜씨를 겨루게 될 때까지
낫질을 계속하네
달빛은 그들의 육체에,
그들의 이마에 신성한 빛이 감돌 때까지

혼자인 요셉의 노래를 상상해 보았는가
그는 작은 방을 대지처럼 활보하며
두 팔을 들어 계시자를 불렀거늘

단 열매들은 보답으로 넘쳐나고
내가 형제들의 노고와 함께 돌아갔으니

수확하는 자는 가을의 메시지를 알고도 남는다
씨를 뿌리는 자가 훗날
자기의 얼굴을 바라보듯이

짧고 빠르게
원을 그리며 순식간에 해치워버리는 낫질의 반복

인간의 행위들 가운데 빛나고 거룩한 바 있다면
몇 배의 기쁨으로 되돌아온다

신이 아니라면 인류가
두 손을 가슴에 모을 필요가 있었겠는가
곡식다발을 안고 선 내 형제들처럼

네 계절의 사내

불멸의, 시는 태양을 닮았다 읽자마자 가슴이 뛰기 시작하는 행들

땅 위에 뿌려지는 빛의 잿더미 속에서 우리는 서둘러 늙어야 하리라
바람에 꺾인 새처럼 우리 지상의 인간들은

그러나 오늘 나의 심금을 울리는 새여
본디 시인은 힘을 우러르는 자가 아니니 고루 그 힘을 나눠주려는 자, 태양의 속뜻이리라

저 어여쁜 새가 들려주는 찬미가

한밤을 위하여

정오의 영광이 그 아래로 키워낸 열매들 곧 터질 듯하고
저 수많은 장미와 새와 선인장의 이름들
태양의 연주를 찬양하며 저마다의 분수인 양 솟아오른다
검은 옷을 입고 죽음의 예식에 참여한 자들이
몇 줌 흙을 뿌려주고 돌아간 뒤에 돌연, 낮과 밤이 함께 있었다는 것을
우리는 알고 있는지

그러나 오직 한밤의 축복으로서만 가능한 일
나는 그 밤을 기억한다
죽었을까봐, 곁에 누운 어머니를 조용히 불러보았던 그 밤을
돌아눕는 어머니의 숨결에서 마른 갈대풀 냄새가 났어요
한밤의 긴 괘종소리, 한 시, 두 시, 세 시

그리고 나는 기꺼이 초대받은 자로서
환대의 말을 들었다
두려워 말라, 이 밤은 죽음처럼 유일한 것이니
어머니는 몇 번 지느러미를 움직여 밤의 여울 속으로
미끄러져 들어갔다

인간이 아무리 독한 술을 마신들
이 밤보다 더 우리를 강하게 만들지는 못하리라

짐승들의 오랜 묘원처럼 밤은 끊임없이 종을 울리며
나를 안았으니
가득한 나의 한밤이여 나는 노래할 뿐
때로는 마성魔性에 사로잡힌 듯 울부짖는 새가 되어
어느 한 밤은 지난 모든 밤들과 다르구나

이후의 장면들

늦은 밤까지 불을 밝히고 식당용 물수건을 세척하는
공장의 여성노동자에 대하여, 잠시 생각했다
우리가 일하는 농장 건너편에서
그녀는 쭈그리고 앉아 가끔 담배를 태운다

너무 느려터진 생에 대한 반감
나는 격속擊速 청년의 자동차를 이해하려고 한다
새 한 마리가 꽈리 터지는 소리로
싱겁게 울다 날아가고

어느 시대든 부르주아는 멸망을 모르리라
우리의 욕망이 그들의 성채를 떠받쳐주고 있는 한

득의양양, 시절이 좋다면 말이지
갈대숲이 참새들을 태워주며 놀고 있구나
볕이 좋은 봄날의 일은 너무 느려 다음 장면을 보여다
오

노을 속으로 걸어가면
거기 새들의 무덤이 있으리

사막의 책

미치기 직전 그는
곧장 사막으로 걸어갔다
책 한 권을 품은 채
고개 숙여 해야 할 일 가운데
기도와 책읽기밖에 모르는 자가
단 한 권의 책을 사막에
버리기 위해
죽음에게 대우하라
떠받들지는 마라
그는 이 불온한 책을
사막에 바치고 싶어 했다
책이 사막이었는지 반대인지
아니면 불온함과 신성이
낙원에서와 같았는지
책은 지금도
책 너머의 사막에 묻혀 있다
한 여행자가 말하길
모래 폭풍이 지난 뒤라야

찰나에 그 표지를 볼 수 있는
언제든 미래인 그 책이

원룸맨

할 일이 없었으므로
또 무사한 하루가 시작되었다

빛은 작은 창을 통해서 낮과 밤의 언저리인 듯한 일정한 음조로
그의 하루를 숨겨주었다
아주 작은 소리가 들렸지만
그것은 실재감 있는 어떤 사물의 것도 아니며
공원의 새들처럼
달갑지 않은 존재들뿐이라고 그는 생각했다

꽤 시간이 지난 일이군
나는 정말 열심히 일했지 개처럼 주인을 모셨어
사장은, 늘, 개는 주인을 물지 않는다
그렇게 떠드는 자였는데

내가 자기를 물었다는 것인지
내가 개라는 뜻인지

정말이지 살아간다는 것은 할 짓이 못 된다고 사내는 생각했다

예수쟁이 여자가 문을 두드려보고 사라졌다
지겹도록 똑같은 말 그놈이 그랬어
이제 자신이 무엇에 대고 중얼거리는지 모르는 채

사내는 새로운 생각을 찾아보기로 마음먹었다
무엇인가 그를 피식 웃게 했지만
곧 얼굴을 찌푸리며
고치처럼 누워 그의 하루는 꼼짝도 하지 않았다

유머 학교

도스토옙스키, 엘리엇, 멜빌, 발터 벤야민, 보들레르,
조르주 바타유, 카뮈 외
이들을 유머 학교에 입학시키려면
교장 쿤데라에게 필요한 나머지 덕목은 **주의력**뿐이다

교감 곰브로비치가 상부에 보고한 기밀문서 중에서

무덤덤함에 관하여

그렇게 살면 어때 무덤덤하게
새는 왜 무리를 짓고
거리를 유지하나
나는 지금이 싫지 않다
곧 끝날 것 같으니까

분수대가 물을 뿜기 시작하면서
나는 잠깐 뒤뚱거렸지만
물의 불, 불의 물
어디가 꽉 막혔다가 나오는 것 같지 않아
아무렴 어때
나는 통행인
어느 시인처럼 죽기 전에
빤스를 갈아입어야 하나

꼭 그래야 하나
정치와 종교와 국제사회는
나를 건드려봐야 아무 소용 없다

이거 내 신조로 삼을만하네
조용히 우유를 따서
한 모금씩 나눠 마시고
물끄러미 은행나무를 바라보는
노부부의 시간

물의 꽃다발인가 물의 폭죽 아닌가
물장난이 아니겠어?
다시는 분수에 대해서
생각하지 않기로 했다
단숨에 세계를 뚫어버리는
대담하고 멋진 비유가 필요해

우파도 하고 싶은 말은 많을 거다
따지고 보면 나는 정신의
신봉자가 아니고
추종자들은 더욱 아니니까
당면한 문제를
궁극의 고통으로 교체하라
약봉지는 몇 개 늘었지만
그런대로 잘살고 있으니까
그러하지 아니한가
조금 전 나와는 딴판인 나

시인의 악마

나의 악마는 방금 떠오른 구절을
순식간에 먹어치운다
망각 속으로

상냥하게, 내 속 어딘가에 악마는 굴을 파고 들어앉았다

진실한 기도자의 탄식에 응대하시기를
내게 돌려주소서

제2부

낱말 상자에 관하여

연습문제

꿈 카드 우연 아득함 노랑지빠귀

나무초리의 기억처럼 되돌릴 수 없는 꿈 나를 머뭇거리게 하네
너는 한 장의 카드를 뒤집는다 자살이라니
이곳은 우연이 빚은 세계, 침묵의 연통관, 수액처럼, 평형을 맞추는 정오의 햇빛 무리들
단 하나의 수식어가 필요해
아득함이라는 말 마치 노랑지빠귀가 떠난 숲길에서와 같이

랭보를 위하여

마리화나 권총 아프리카춘화 밀주 향신료 상아 등속을 군용모포에 말아 팔러 다니는 사내가 있었다
그는 다른 것도 가져다주었다

참혹한 길거리나 뱃바닥에서 끝끝내 영광을 차지한
어느 시인의 짧은 생애,
그가 가져다준 책 속에는
밤마다 설탕을 훔쳐 먹은 죄 그 벌 때문인가요
선물을 받지 못한 한 아이의 슬픔이 끝까지 울음을 참고 있었다

어느 도박꾼에 관하여

얼마나 쓰라린 패배감이었는지 말해줄까
한탕을 위하여
애인은 여관방에 남겨두고

이제 거덜 난 인생뿐이로구나
그 쓰라림을 손으로 만질 수 있다면
훨씬 많은 세월이 흐른 뒤라야 하지

돈지갑을 챙겨 너는 그 판으로 기어이 찾아가고야 말았다
낮에는 학생을 가르치면서

국경 근처에서, 집을 말하다

1

꿈의 그 집에서는 내가 영원히 살지 못하네
나는 집에서 살 수 없으니까 수많은 집을 전전했으니까

저 새끼가 드디어 미쳐가는구나
유곽은 후미진 곳에 있고
성당은 높은 곳에 있어야 하네
그래야 장사가 되지
나는 쫓겨나 마땅하고
마루에서 몰래 쓰러져 자는 외삼촌과 같은 부류였으니까
집은 필요없어요
모든 이에게 집이 있다면
모든 이에게 집이 없다면, 비극은 사라질까

예수회 신부는 소가 되어 쟁기를 걸고 헐떡이면서
밭을 간다

그는 동굴로 돌아와 쓰러진다, 쓰러진다
내가 그 아이의 눈빛과 마주쳤으니
나는 천국에서 도망친 자와 다름이 없구나 그는 흐느껴 울고 울다가

돌을 움켜쥔 채 피투성이로 싸우는 아이
나는 그 아이를 존엄성이라 불렀다
집을 위하여
모든 요설가를 제압하는 집의 사상이 있고

2

여기는 피레네의 어느 움막집인가
라인강 수풀 속에 잠든 나룻배인가
강촌휴게소에 내려 담배를 태우며
오후의 저 빛나는 새들을 바라본다
나는 또 국경 근처에 이르렀다
어찌 저 같은 자를 집으로 불러주셨습니까?

집을 파괴하는 짓 영원한 종교의 땅에서 집을
등지게 하는 것
숭고한 우리의 처소를
소굴과 연애 장소를 가시덩굴에 내맡기는 것
아이의 장난감들

잠이 들기 전 어머니의 달콤한 노래를 삭제한다는 것, 전쟁이

나는 집을 떠나네 시간보다 낯선 고장을 찾아서
청호반새
다시 반기지 않으리
나는 한 여인의 초상을 지니고 있다
그녀는 개다 만 옷가지를 붙잡고 운다 그것 사물들은 그녀에게
붙들린 채로 함께 울었다
누구의 집 누구의 죽음이었을까
흐느낌과 바스락거림과 부산함이 섞여들었다
더 이상 울지 않는 울음소리가
그러나 꿈의 그 집에서는 아무래도 나를 찾을 수 없어

사랑에게

몸이 불편해 보이는 한 아이가
자그만 물뿌리개로 꽃밭에 물을 준다
엄마, 더 뿌려?
엄마는 알아듣고 그러라고 한다

저 아이의 물을 받지 못한 꽃은 없으리라
골목 안으로 마침 새들이 내려앉는다

한밤에게로

죽지 않기 위해서 다시 말하면
살기 위해서
아니 새로운 죽음이 있다면 죽기 위해서

살지만 더 이상 살아가지 않기 위해서
다시는 마침표를 찍지 않겠다고

시를 위해
가난한 연인을 위해

새들의 잠을 깨우지 않으려고,
새들과 함께 자고 일하며 노래하고

낮은 악마와 가깝네
외려 이 밤이 대천사 같구나
골칫덩어리 죽음이여

길섶 자귀나무의 그림자

새로운 생이란 죽음보다 어렵다는 것을 우리는
알고 있네

로트레아몽

어딘가에는 존재해야 할 시인
그가 있을 뿐이다
그의 눈과 귀와 이빨과 살가죽이
만지고 음미할 때까지
세계는 잠시
기다리는 수밖에
그리고 사태가 벌어지지
충돌
회전
물어뜯음과 물어뜯김
연이어 와해의 장면들까지
내버려 둘 수밖에
그의 촉수들
누군가를 향한 교신음을
처음을 꿈꾸는 자
우리의 미래가
그곳에 있었기 때문이다

절벽을 위하여

더 무엇을 보탤 것인가
저것은 헐벗은 시간의 풍요로움 돌연한 미의 완성체

불굴의 바윗덩이들 짙푸른 침엽수들과
머리 위에서 솟구쳐 횡단하는 새들까지

위대함이란 허영심에 끌리지 않고
끊임없이 내면의 울림소리와 마주치는 자의 것

등이 검은 칼처럼 파도는 쉬지 않고 네게로 달려든다
오직 여기에서만이 감춰진 세계의 이면이 열리려는
듯이

어촌에서

1

곰치 같은 한 무리의 사내들이 술집 안으로 들어왔다

대폿잔이 돌고 목소리가 높아지고
사내들은 거친 말을 내뱉기 시작했다

어미 주모는 딸에게 너 먼저 들어가라 하고

그날 밤 나는 좌판 거리에서 어린애를 걸린 그 술집 딸을 보았다

2

나는 바다슈퍼 이층 민박집에서 어느 겨울을 보낸 적이 있다

저녁이면 고기잡이배의 귀환을 바라보며
계절을 넘기는데

두꺼운 책을 다 읽는 데에는
오로지 한 인간의 시간과 인내심이 필요했다

바다 그리고 밤의 음각에 닿는 눈송이들의 진저리 혹은 떨림

가난한 사람들

노인 한 분이 리어카에 종이박스를 가득 싣고
대로를 건너간다

고달픈 가난을 형벌처럼 끌고서
차량과 사람들 모두 그분의 무단횡단을 지켜보고 섰다

청계천 무말랭이 같은 한 청년의 투쟁기*를 읽다가
나는 책상에 엎드려 울고 말았다

잔뜩 몸을 웅크린 그림자처럼 검은 벽 위에 흔들리며
너무 투명해서 자칫 그런 사람은 보이지도 않을 것처럼

*『전태일 평전』

늙은 묘지인부의 노래

산새야 둥지를 빼앗겼느냐
어미를 잃었느냐

기분 내키는 대로 젊을 적엔 불평도 많았는데

이제는 젊은 치들이 나를 따돌리려고 하는구나

어제는 뻐꾸기가 울더니
오늘은 비가 올라구
까마구까마구

잊을 뻔 했구나
방금 누런 뗏장을 덮고 누운 사람이여

동풍이라더니
벌써 갈바람이 부는구나

니기미 유부장

사장한테 깨지고 우리의 유부장이 사무실로 돌아오다
마침 울고 있는 여직원을 보고
"거긴 또 왜 울어, 니기미" 그랬는데
그 여직원은 울다 말고 그만 웃음을 참지 못했다

노래방에서든 야유회에서든 우리의 유부장은 니기미!
를 빼먹지 않았다
"노래 못하는 사람을 왜 자꾸 시켜, 니기미"

직원들이 꽃다발을 안기며 전별餞別하는 자리에서도

문틈에 낀 여자

예순에서 일흔 사이의 늙은 여자들
나는 그들과 함께 일했으며
담당구역을 시간 내 끝내려고 늘 애를 먹었다

어느 날 나는 그녀가 무리에서 멀어지고 있다는 사실
을
알게 되었다
그녀는 그들과 함께 있었지만
긴 의자에 겨우 엉덩이 끝을 걸친 채,
무리 속에서 조금씩 밀려나고 있었다

그들이 청소 일을 끝내고 문을 빠져나갈 때였다
마지막 그 여자가 문틈에 낀 사실을 모르는지
작은 비명소리가 들렸으나
개의치 않고 늘 그렇듯
그들은 긴 의자를 차지하고 앉았다

문틈에 낀 그녀의 눈빛이 무음無音처럼 잠시 깜박거리

던 것을
　나는 먼발치에서 바라본 적이 있다

이 시대의 욥

단 한 번도 신을 배반한 적이 없다면 배반의 여지가 남았으리라

차라리 배반을 거듭한 자가 끝내 신의 품으로 돌아가지 않겠는가

옥수수밭 모퉁이에서 옛 집터를 바라보며 서 있는 늙은 사내 그에게 추억이란 없다

매 순간을 고난의 이름으로 받아들이려고 했을 뿐

술과 떡과 풍악 소리가 이 사내에게는 아무 소용이 없다

풍자시에 관하여

아름다움의 세계로 들어가려는 자가 아니다, 그는

불협화음과 거친 메타포들 폭풍우의 감정이 뒤섞인 채로 생을 써가는 자는

이 자는 매우 위험해서, 칼끝으로 인간의 탐욕심과 허약함을 겨눌 때
어떤 이는 서서 똥을 지리고
어떤 시대는 가슴을 치며 울부짖는다

갑자기 그는 또 사라지지만
어느 시대든 순간이든
마땅히 우리 앞에 나타나리라
한판의 결투가 그의 앞에 남았을 뿐이다 일방통행로에서 맞닥뜨린
양아치들과의 싸움이

그는 대척하는 자이다 아니다 그는 옹호하는 자다

작은 노래

그 작은 새들은 지금 어느 집 울타리에 가 있나요
조금씩 내 심장을 세차게 하고 서로를 부르며

우리가 잘 할 수 있는 것
번갈아 이곳 생명의 노래는 멈춘 적이 없어요

기도, 소박한 삶, 계절마다의 의식에 대하여
지난 시간의 위대함과
그 위를 수놓는 빛과 어둠의 일렁임에 대해

곡식단을 가슴에 안고
가을의 들녘을 바라보는 저 수고로운 이들에게
우리의 흥겨운 노래가 닿을 수 있도록

제3부

최초의 아버지

저 빛의 검붉은 덩어리를 보다 눈이 먼 자가
생명보다 더 강력한 자를
이야기로 지어내기 시작하면서
비극은 시작한다 우리의 종교와 철학이 그곳으로부터

최초의 인간이란 어떤 자일까 그의 시대란
어떤 문제와 마주쳤을까 빛일까
그것은 내 형제의 얼굴과 똑같은 암흑이었을까
최초의 아버지 당신이 아니길 바라며
나는 그가 궁금했다
사냥술이 형편없을지라도 아버지니까
아버지의 시대와 나는 멀지 않은 연대라고 생각했으니까

지푸라기가 운다 장작더미처럼 운다 무당새가 노래한다고 무당새는 운다
나는 키 작은 농구선수가 삼점슛 하는 걸 보고 운다
그 외에도 나는 쓸데없이 혼자 운다 그만 울어야지

최초의 눈물이라고 말해선 안 된다 인간의 최초의 눈물은 벌거숭이 울음이었으니까 최초의 울음은 아버지의 것이니까

아버지 거긴 가지 마세요 아버지는 마녀들과 어울려 춤을 추러 다녔다

울음을 울었으니 춤을 춰야지

나는 그 후로 아버지가 우는 걸 보지 못했다

아버지, 저 나무가 해야 할 숭고한 일은 그 밑에 나를 묻어주는 거예요 너는 그러면 못쓴다

지리가 어둡지만 돌아오는 자가 있고

덧셈과 뺄셈밖에 모르지만 한없이 그윽한 자가 있단다 네 이웃 중에

울음이 있었는데 소리가 없는 꿈

내가 시로써 아니 태양이 내게 준 절정의 빛으로써 내가 할 일은

춤과 인내심과 서성거림 같은 말하자면 나무의 생애와 같은

최초의 아버지는 집으로 돌아오지 않았다 오히려 편했다 아버지가 없다니

그 볼품없는 시계 열 뜬 목소리와 무엇보다도 허풍이

라니

제발 내 앞에 나타나지 마세요 운동화 끈을 잡아맬 때 나는 운다 싸구려는 우는 게 아니지 내 인생은 나를 위해 울고 그래 마땅하고 그게 서로에게 공평하니까

우리는 언제나 같이 울고 싶다 막막함, 어둠에게 바칠 한 줄기의 시가 내게서 터져 나올까 아버지 그는 결국 울고 말았던 자이다 그는 남자이며 훈육받은 한 남성이며 내가 너에게 울음을 준 자이다 그렇게 떠드는 자이다 바람에게는 아무것도 없는 너의 육체가 네 울음만으로 너를 증명하리라 최초의 아버지 그는 결국 우는 자이다

나를 낳고 나를 해치려 하다니 내가 아버지가 되어 당신을 죽일 겁니다
최초의 아버지는 조금도 변한 게 없었다 직진이다 무덤 속에서 꽃을 한 아름 받겠다는 투로

이름은 몰라도 된다 내 이름을 부르지 말아다오
새의 이름은? 나무의 이름은? 저들은 어느 세상에서든 자기 자리에서 울고 노을빛에 감싸여
언덕 위 쑥부쟁이 꽃처럼
아버지 조상님의 생몰연대를 기억하지 않아도 된다

그 무한한 지층과 바깥의 세계를 알아채기만 한다면 최초의 아버지는 나무이며 검은색이며 한 마리 빛을 쏘는 부엉이 같았다

그만 집으로 돌아오시지

일찌감치 자신의 심판관이며

등잔에 쓸 기름병을 들고 어둠 속에서 멈칫거리는 나여

바닷가에서의 하루

나 기쁨을 원하거늘
언제든

잠시 울음이 그친 언덕 위에서
갖가지 음률로 뒤섞인 새들의 노랫소리 다시 들려오고

지난 노동이 온전히 나를 한 인간으로 만들려 했다면
해안가의 작은 숲과 모래사장과 수수한 마을 길을 걸으며
또 다른 기쁨을 맛보려고

바다여 기쁨과 두려움 가운데 우뚝한 자여
오늘은 너의 대지 위로 비가 퍼붓는구나
저 붉은 빗줄기들을 다 감싸 안으려는 것처럼

나무의 말은

나무의 말은 동심원을 그리며
한없이 숲 속으로 바다로 건너간다
물결이 일렁거리고
바위에 가 닿으며,
시간을 잊은 낚시꾼의 등 뒤로
어느덧 단풍이 내려오리라

나무 아래 앉아 있던 노인들은 모두 사라졌다
말을 삭이는 것도
침묵에 이르러 다시 말을 떼는 것도
나무의 일
나무의 혼잣말을 들으려 했지만
그대의 심장에 귀를 대어본 적이 없다

생과 죽음들, 사랑은
처절하고
아름다웠는가
어느 신이 있어 이 대지에 그대를 세우고

드높이 나를 들어 올리려 했는가
바닷가 불타고 남은 그 나무의 말
숯덩이 나무의 생으로부터
멈춘 생각은 다시 뿌리를 뻗는다

민박집 거미의 부지런함 지상의 작은 벌레들이
내 발목을 타고 오르는
그런 스멀거림으로부터
나무의 말은 언제 우리를 찾아오는가
신들은 우리를 잊지 않았으리라

봄날에게

나의 칭송을 받을만한 자 수없이 많지만
그대를 빼면 무엇이 남겠는가

그대에게 바치는 몇 편의 노래 더 짓고
운이 좋으면 다시 계절의 한 바퀴를 돌아서

그러나 그대가 만물에게 벌여 놓은 일에 비하면
뻣뻣이 굳은 내 혀가 말을 듣지 않는다
분주하게 열리는 창고와
들썩여대는 밭, 한껏 흥에 겨워 새는 노래를 뽐내고
있다

자유자재로! 스승은 내게 그렇게 가르치셨는데
대지와 바다와 천공의 노래를 나는 한 소절도
흉내 낼 수 없다
봄의 아이들처럼
아무 때나 애들의 놀이에 끼어들어 지치지 않고
푸른 불꽃의 노래를 부를 수 있을까

봄의 노래는 지난 시간의 명성과 비참함을 가리지 않고
잎사귀들을 내세우며,
한 마리 새의 정령이 무리를 이끌고 솟아오른다
나는 곧장 물속으로 걸어 들어가 희고 탐스러운 오리 알을
손에 쥐리라
따뜻하고 말랑말랑한 그것을
신에게는 일어날 수 없는 일이 종종 우리에게는 일어난답니다

나의 농부님은 농사월력 한 장을 넘겨보고
나는 그를 가까이서 바라보았다
거름 내기, 씨앗 고르기, 감자눈 따기
그리고 멀지 않은 곳 포구에서의 일들하며

때마침 그대의 아침이 포근한 빛과 함께 왔구나
모종가게 앞에 모여든 사람들
"벌써 꽃이 핀 것도 있네"
어느 노인이 있어 "시집오기 전이었지, 아마"
그렇게 말할 때의 자그마한 기쁨처럼

나는 창가에서 아이들이 몰려가는 숲길을 바라보고 있었다
샘터에 들러보고
나무칼을 휘두르며

저 숲속 어딘가로 우연히 탁 트인 전망과 마주하러,
무엇을 써 놓았는지도 모르면서 그대의 노래와 어울리려고

슬픔의 힘으로

1

고운 색 어치들이 가지에서 옮겨 앉을 때마다
무리를 따르며 훌쩍 사라질 때마다
그들의 하루가 어제와는 다를 것이라 생각했다

바닷가 아이들이 조개를 찾는 오후
무심한 언덕 위에
춤을 추는 미루나무들, 그들이 아니라면
메마르고 고집스러운 내 얼굴은 조금도 흔들리지 않았으리라

2

슬픔을 주재하는 신이 있다면
인간의 구원자일까 아니면 천상에서 쫓겨난 파괴자일까

3

갯바위에 닿는 잔물결처럼
거짓 없는 시간
파도 거품은 모래밭에서 사라지고
뱃사람들은 능숙한 솜씨로 석양을 향해 배를 몰고 나아간다

저 깃발의 피
깃대를 버리고 솟아나려는 듯이
불과 빛의 정령들
서로에게 이끌려 오늘의 석양을 펼쳐놓고
힘이 빠진 듯 잔잔해진 파도가 마음을 어루만진다

지난 시간 비바람에 시달리고
새들은 울음을 삼키고 있으려니

바다와 유영하는 별들과 새들의 노래는 얼마나
친근한 것인지
어떻게든 살아야 하는 계절이 다시 내게 오리라

유머에 관하여

그대는 절망 속에서 피어 오른다

전쟁터에서
혹은 마지막 궁지에 몰린 늙은이에게서
꽃을 피운다
그대는 한때 하염없이 바라보기만 했던 자이다

영롱한 사람,
세속의 길 위에서 문득 우리를 들어 올려준다

언덕을 바라보다

부질없다 헛되다 말하는 시인은 쫓겨났으며
여기 지상의 말들은 희망으로 넘쳐흐른다

태어난 것도 살아온 것도
우스울 따름이라고
빈정거리는 투로 때로 비아냥거리며 그렇게 내뱉은 것
또한 나일진대

그대들은 누구인가
여인이여 그대의 죽음은 왜 그리도 화사한 색깔로 덮인
것일까

태양 아래 은밀한 금은빛 언덕
그리고 딱딱한 죽음 속에 갇혀버린 사람들

생과 죽음의 빗금 친 경계 너머로 나는
그대들이 사라져버린 줄 알았다
시들어가는 불처럼 허옇게 날아가 버린 줄 알았다

새는 누구의 죽음을 본 것일까
언덕 위 죽은 나무에게로 내려앉아
아주 먼
오색의 밤을 물고 속삭인다

절망과 허무와는 또 다른 색 저 눈부신 언덕 위로
나무들이 불타오를 즈음

어느 거지의 고백

아가씨, 제 기쁨은
당신을 바라보는 것이랍니다
당신이 장을 보러 갈 때
그 여드름 핀 얼굴이며
약간은 흥분한 듯 콧노래를 부르는 모습이

당신은 어김없이 제게 동전 한 닢을 주시지요
그러곤 날아가버리는 겁니다

저는 당신이 그 예쁜 손으로
동전을 살며시 놓고 갈 때
정말이지 뭐라 말할 수 없답니다
향기에 취해,
신이 아시면 천벌을 내리겠지만요

서울에서, 다리의 이유

그대 앞에 당나귀를 멈추고 버텨선 자
나 돈키호테다
저 유명한 슬픈 몰골의 아니 모험을 즐기는
편력기사 돈키호테란 말이다
보아하니 지금까지 나와 겨룬 놈들 중에
그대처럼 대단한 풍채와 위엄을 지닌 자가 없으니
어쩌고저쩌고
이미 미쳐버렸는지라
돈키호테는 다리를 향해 돌진한다
거센 물줄기 가운데 우뚝 솟은 거인의 등에 올라타 창을 휘둘러대지만
너무도 의연한 다리는
몇 번이고 그를 내동댕이쳐버린다
손도 까딱하지 않은 채

돈키호테와 '현대식 교량'이 결투를 벌인 그 황당한 이야기

한 고대인의 정신은…… 돈키호테…… 김수영, 그들은 정신의 교량을 건설하고야 만다

그날 서울에서의 기록, 나는 현대인의, 저 교량의 웅장함과 미감 앞에서
얼쩡거리고 있었다
긁적긁적 무엇인가를 떠올리려 했지만
명쾌한 직선 위를 수놓는 행렬들 그리고 공중곡예사와 아찔한 불빛 치장들이

왜일까, 다리 위에서 여전히 머뭇거렸던 까닭은

경멸하는 책

그는 두루 경멸조였다
얼치기와 귀부인과 예술과 연회초대장을 받은 자들에 관해서라면 더더욱

일찍이 그는 명성을 얻지 못했으니 이유인즉
대가라는 분들이 그를 외면했기 때문이다

제멋대로야 도통 신경을 안 써
대체 어떤 일이 벌어진 것일까
그의 문장은 자기 자신을 압도했을 뿐
우리의 감정 따위를 보살피지 않았다
심지어 이건 우리를 망가뜨리려고 작정한 거야

몇 개의 문장이면 충분하다
경멸하는 책 그런 책은 어딘가에 존재해야 했으므로

나무 아래서

나무여 내게
평온함을 원하는가 물으면
서슴지 않고
그렇다 말하겠다

그러나 생의 안식이 죽음일 수는 없는 것

너 거기 있었구나 작은 숲새여

어느 노인의 시절

강가에 앉아 갈대발을 엮는 노인이여

발을 엮기에 어느 때가 좋은가요?
지금이 좋아요

때는 여름이나 한겨울이라 해도
노인은 같은 말을 들려주었을 것이다
지금이 좋아요 지금이

갈대도 여럿으로 생겨먹었다오
가끔은 이렇게 어긋난 것을 쓰지요
그래야 운치가 살거든요

저녁에게

아프지 않고 슬프지 않은 세월이
내게서 흘러간 것이다
돼지농장 동료들과 장화를 씻고 연장을 정리하고
저녁을 먹으러 가는 차 안에서
누군가 멋진 농담을 했다
돼지똥 냄새가 나지 않는 인간은 우리의 친구가 아니라네

손수레에 어머니를 태우고 장에서 돌아오던 그 시절에게 잔조로운 빛 저녁 노을에게
나는 오늘 감사의 인사를 한다

멀리서 졸병 아들을 면회 오신 어머니, 논두렁길을 걸어 저녁 읍내로 갈 때
어머니는 그제야 조금씩 웃고 계셨다
어디 아픈 데는 없지, 아픈 데는 없지?

다섯 번째 계절

아무 일도 없었다
아무 일도

지난 계절 나는 새들과 친하게 지냈으며
남몰래 폭풍우를 즐겼으니

이 세상에서 나는 조금씩 나아질 것이다
가을의 향기로운 들판과 그대 얼굴이 잘 어울리는 것처
럼

만물을 어루만지는 햇빛의 손가락들 사이로
숨은 열매가 보인다
모래밭을 썰 듯 잔물결이 속삭이는 계절
갑자기 춤을 추는 나무들과
몸을 움츠린 맞은편 나무들의 표정이 재미있다

나를 다녀간 새들
격랑의 시간과 이어 찾아온 평온함이

그대의 어깨 위로 펼쳐져
우리에게 다섯 번째 계절이 찾아온 것은 아닐까

몇 가지 인간성을 버려야 하리라 나는
성엣장을 안고 가는 어느 겨울 강의 모습처럼
이번 봄의 시작은

제4부

바람의 눈으로

그대의 눈으로 보리라
떠돌이의
떠돌이 아들은

연인들, 이민족, 반인반수, 미치광이들의 노래가 대양과 사막을 건너 울려온다

신이 흡족해하는 노래가 아니라
인간들이 열광하는 노래를 불러라

바람이여
그대는 우리의 이빨과 머리카락을 원하는가
우리의 경작지와 곡식더미
아이가 기르는 새, 모든 것을 원하는가

모든 것들에게 나는 마음을 빼앗겼으니
한순간에 냉랭해진 여인에게서 더욱 벗어날 수 없던 것처럼

저토록 맹랑하고 무자비하며 사랑스럽게

어느 재주꾼 놈이 순결하고 높은 한 여인의 손목을 잡아끄는 것을

불친절한 시

친절하게 시의 길을 일러주는 자는
옳은 스승이 아니다

무턱대고 시를 앞에 던져 놓고
삼켜봐라
그렇게 가르치는 자도 현명한 스승은 못 된다

어느 쪽이 합당할까
친절과 불친절 중에

편의점 여자나 약국 주인의 태도와는
차원이 다른 문제
나는 감수성이 예민한 학생의 작품을
살펴주지 않았다
그러니 제대로 된 선생이 아닐 수밖에

뭐 이런 시가 있어!
훗날 대가는 그런 모욕감을 견뎌낸 자가 분명하다

식당 여급의 친절함이
순식간에 나를 뒤흔들만한 기적은 아니지 않은가

들길에서

돼지우리 청소를 끝내고 숙소로 돌아가는 들길에서
수녀님 한 분을 만났다
가볍게 고개를 숙이려고 했지만
수녀님은 버드나무에 앉은 방울새 노랫소리에 빠져 있었다
프란치스코 신부님!
그렇게 부르고 있는 것 같았다

산촌에서 잠들다

지난 계절을 걸어 어느 산골마을에 이르렀을 때

하루는 이 집에서
하루는 저 집에서 번갈아가며
같이 잠을 자는 두 할멈에 관한 이야기를 전해 들었다

같은 날 죽게 하소서
그렇게 세월이 흐르는 동안

제비꽃 산들바람이 내 고개를 무너뜨리고
졸음에 겨워
큰 오동나무에 기대어 잠이 들었는데

방금 젖었는지 미끄러지면서 건너온 냇물을
멀뚱히 내가 들여다보고 있었다
꿈속에선가

서투른 자의 노래는

아직 삶은 남아 있네
생명의 울타리 위에 지저귀는 새들과 함께
아이들이 떠난 옛 골목길
아이들을 부르며

마음이 커간 것
한순간에 벌어진 일들
모두 어쩔 수 없네
나 이 세상에 엉뚱한 말을 남기고 돌아온 날도
작은 손을 펼쳐 모으고 새를 부르던
그 아이의 꿈처럼

아저씨 공 좀 차 주세요 뻥, 빗맞았을 때
다시 놓고 찰 때
어이쿠 엉뚱한 방향으로 공이 날아갈 때
정말 어이없어
이해하기 어렵다는 표정으로
귀여운 아이가 나를 쳐다보고 있을 때

잠시 뒤의 책

불타오르는 단 한 권의 책은 아직
이 지상에 오지 않았으므로

무너진 책더미에서 너는 한 권의 책을 집어 든다
잠시 뒤의 그 책을

수상쩍은 책,
이십 세기 영미시인선

펼치는 순간 너를 읽기 시작하는 책
탄식과 담즙과 기쁨이 함께 흘러내리는
그 시간의 곡절을 너는 충분히 맛보려고 한다

얼마나 좋았으면 책을 가슴에 꼭 안고 잠이 들었겠어요

여기 지상에서의 일 가운데
'잠시 뒤' 에 벌어지는 가장 놀라운 광경이
너를 기다리고 있다

출구를 향하여

길을 잃은 자여 천사는 우리를 모르지만
유령은 알고 있으리라
어디로 가야 하는지 누구를 만나고 무엇을 해야 하는지를

홍대 1번 출구를 향하여 떠밀려가다
나는 보았다 저마다에게 꼭 달라붙어 가는 유령을
시간과 시간을 연결해주는
뚜쟁이 유령들을
그때 다음 열차는 그대 앞에 멈추리라

나는 실패한 자들의 모임에 초대받았다
실패한 자로서 실패한 자들의 하소연과 멋쩍은 위로를 나누러
이 세계는 나에게 실패한 자들의 질문에 불과하거늘

답은 모르지만요
그래요 이해해요 저 여자의 하품하는 모습은 보기에

측은하다
이해심이란 어느 누구에게만 베푸는 것은 아닐 테니까
어쩌다 술독에 빠지고 어쩌다
엉망진창이 되어버린 인생에 대해 솔직히 말하면
나는 그녀와 자고 싶었다
걱정하지 말아요 그녀가 그 큰 입으로 내게 속삭여 줄 것 같았다

우파는 오른쪽으로 가고 좌파는 왼쪽으로 가고 그러는 겁니다
강연자는 시시껄렁하게 떠들고 있었다
대학교수라는 자가
그럼 낙오자는?
백 대 빵이란 없어요
극단주의자야말로 이 시대의 유령들이 아닌가요
여자는 연신 고개를 끄덕거리며 졸고 있었다

길을 잃은 자여 너는 방금 누구와 인사를 나눴는가
유령들끼리?
몇 세기가 흐른 뒤에도 저 출구는 그대로일 테지
기억의 그을음도 없이 매끈한 저 다리처럼 말이야

노을 속으로

저 연꽃밭

우리에게 누락된 장章을 세기의 장인들이 놓쳤을 리가 없다
대성당이 내게 열어 보여준 그 충만한 색깔과 쏟아져 들어오는 빛의 일렁임까지

어제의 메아리들이 돌아오고 있다

겉으로 보기에는 몹시 지쳤으나 내심 우리의 눈빛이 생에게 말하려는 것들

노을 속으로 세월의 저 망연자실에게로
태양과 암흑의 왕들이여 나와서 보라

램지부인*

때로 그녀가 드러나지 않도록 때로 너무 흐릿해서 보이지 않는 우리들의 등대,
때로는 그녀가 두드러지도록
빛에게 여러 밤에게 그녀가 했던 부탁을 잊지 말도록

날개를 몸에 붙이고 매끈하게 날아가는 새
지빠귀의 행방이 휙 튕겨져 나온 바람 한 줄기처럼 몸을 바꾸려는 어느 순간에라도

갑작스레
그녀가 죽었으므로

여름 숲과 바다의 경계선, 그 복부와 아래로 흐르는 매혹적인 선들
생의 단락마다에 드리워진
우아한 그늘의 색감
나뭇가지 사이로 내민 허공의 더 짙은 조각들까지

끝내 완성을 모르리라
서로에게 빼앗고 되돌려주려는 이 우주에서의 율동을
바닷가 언덕 위에 저 목상木像들은

* 버지니아 울프, 『등대로』에서

한낮을 지나다

하늘 아래 살았다는 것
고통스럽고 절망하는 가운데 순간마다에 찾아오는 기쁨이 아니라면

나와 함께 걸어간 사람들은 보이지 않지만
돌덩이를 타고 흐르는 물이 과거인 양 미래인 양 되풀이하는 것을
새 살결을 올린 시냇물소리 더욱 풍성하고
밭에 내려앉은 까마귀들은 구두약을 바른 듯 햇빛을 반사시킨다

오늘 나의 태양이여
우리에게 부족한 정서를 음유시인의 입술을 통해 불러일으키려고 하는가
은연히 우리에게 정신은 날카로우나 신적인 것 약하고

죽음을 두려워하지만 태양을 향한 우리의 경외감을

다 말하지는 못했다
저 늙은 나무의 늘어진 가지들 속에서
몇 갈래로 뻗어 오른 굳센 몸통을 보게 된다면

우리는 태양이 선사한 옷을 입고
곤충의 속날개처럼 선명한 수피와 잎사귀들과 그 하늘의 문양이 모두 다르며
또한 한결같다는 것을 알게 되리라
걸작들, 진리는 사원의 조각품처럼 복잡 미묘하나
우리 곁에 놓인 다정한 풀밭과 각양각색의 꽃, 새들이 있어 여기 지상은 완벽하게 꾸며지고

생각해보면 밤과 태양과 소금과의 싸움 내 여러 계절은 그들과의 관계에 묶여 있었다
그러나 나의 일향성 우리들의 두드러진 것이여
대지와 공기의 피 뜨겁게 하여 우리는 선악의 이중주를 연주하고 들으며
사랑스럽고 고귀한 것을 찾아 입술에 담는다

내륙에서 바다가 멀지 않은 것처럼 밤은 영원히 내게서 떠나지 않는다
성급한 이들이 그냥 지나칠지라도 어떻게 한낮의 고요를 덧없다 하려는가

빛의 주물들 떡갈나무 잎처럼 부엉이 그 울음소리처럼 각자는 성스럽기만 한 것을

원창고개에서

세계와 나는 화해할 수 없을까
운명은 어느 한쪽이 무너진 채로 오리란 것을
나는 알지만

호반에서 날아온 새들이 높이 떠 흐르며
도시의 정경을 축복하는 곳
짙푸른 산들에 둘러싸여
거대한 둥지 안에 깃들인 저 평화로운 세상을 바라보다

붉고 노란 꽃 화분들이 놓여 있는 정겨운 집들
살피꽃밭과 작지만 아름답게 꾸민 창들과
슬금슬금 사라지는 순한 짐승들을 떠올리며
지난 나의 노래는 되살아난다

하늘의 무표정과 자상함을 내가 잘 알고 있듯이
원망을 모르고
슬프지 않다
이제 고향으로 돌아온 자에게는
발아래 잣나무 숲속에서 목청껏 노래하는 새들과 함께

숨은 새

네가 지저귈 때 그때가
신부님이 노래를 흥얼거리기 시작할 때야

작은 나뭇가지 하나처럼
풀대처럼
너는 숨어 아늑히
나를 어린 시절로 돌려보낸다

연못 수첩

너여 시간의 현자여
결국 구차한 노인이 되려하는가

이미지를 버리고 관념이 그 자리를 차지하면
나는 이미 한 노인에 불과한 것을

연못가 버드나무 가지에 깃든 새의 울음소리
함초롬한 수선화의 아름다움도
저 시간의 표정을 흔들지는 못하리

생의 무대 위에서, 우리들

정오에 마신 빛살조차도 내면 깊은 곳에 감춰져
더 이상 아무것도
노인의 얼굴 밖으로 새어나오지 않는 것처럼

담배 피우는 어머니

이제는 누가 누구보다 앞서 가셨는지
헷갈릴 정도

그녀에게 나에게 좋은 일이라면 꿈에, 육체 덩어리들,
만져지지 않고 무게도 없는 그 헐렁한
웃음이라면
죽음들 속에서 편히 사시라고

어머니는 돌아가시기 일 년 전부터 담배를 태우셨다
얘야 담배 하나만 다오
나는 말없이 담뱃불을 붙여
그녀의 입술에 물려드렸다
후우, 속이 조금 내려가는 것 같구나
이제 나는 어머니의 그 모습 이상을 기억하지 않는다
담배 피우는 어머니

청승맞게 담배나 피우는 여자들을 힐긋 쳐다보곤 했
지만 이제 모든 죽음들 속에 그녀를 내려놓고

귀신들 그 태평한 세상에서 맛나게 담배나 피우시라고
외삼촌들과 사촌형들 그리고 아버지와 함께

어느 날인가 어머니는 피우시던 담배를 내게 슬쩍 건네주셨다
오늘은 담배가 쓰네
이십 년 세월이 흘러
나는 그 담배를 받아들고 한 모금 길게 피워 물었다

산들바람에게

아무것도 남기지 않으리라
죽은 뒤에는 없으리라

맨몸인 그대여
내가 사라지면
우리 뜻을 맺은 언덕에는
어여쁜 꽃들이 피고
초목은 가락에 맞춰 멋진 춤을 추리라

나는 노래하는 자
덧없는 나그네

어느 거친 바람이 어깨를 짓누르고
내 어린 밤은 무서워서 떨곤 했지만

그대 명성은 변함 없어라
온화하고 친밀한 산들바람이여
이 봄날

다사로운 언덕에 앉아
그대의 달콤한 연주에 마음을 홀리다
사랑스러운 짐승이 그 혀로
꿈결의 내 손등을 아직도 핥고 있는 듯

| 작품해설 |

불친절한 세상에서 서투르게라도 저항하는 시인 이승호

임 시 현 | 문학박사, 문학평론가

| 작품해설 |

불친절한 세상에서 서투르게라도 저항하는 시인 이승호

임 시 현 | 문학박사, 문학평론가

1. 에피큐리어니즘의 자리에 서있다

불친절한 세상에서 서투르게라도 저항하는 시인이 이승호다. 누구든 당당하고 완벽하더라도 세상은 친절하지도, 공평하지도 않다. 하지만 그러한 불합리한 세상일지라도 대부분의 인간들이 인생을 포기하지 않는 이유에는 인간이 다른 인간을 어루만지는 태도에 있을 것이다. 지배자이건 지배자가 아니건 우리 주위 사람들, 아니 이승호 주위의 사람들은, 굳이 따지자면 시인이기에 불행의 전형적인 요소들을 짊어진 인간 군상은 어루만지는 태도를 가지거나 어루만지는 태도의 수혜를 받는 것 중 한 명이다.

이승호의 시들은 다른 인간을 어루만지는 태도로서 지적이고 유미적이다. 가난, 노인, 걸인 등 사회에서 소외되었거나 몫이 없는 곳에 머무는 이들을 대변하고자 부단히 갈고 닦은 지식을 유감없이 시에 녹여 넣는다. 그 만의 글쓰기의 재능이고 장기가 될 수 있다고 보여진다. 유미적이라고 한 것은 예술이 그 자체로서 자족한 것으로 윤리적 · 정치적 · 비심미적 기준에 의하여 시인 이승호가 평가되어서는 안 되는 것이고, 탐미적인 것이라면 〈시인의 말〉에서부터 전조가 보이기 때문이다.

사실, 유미주의는 독자 측에서 교화적 요소보다는 미적 쾌락을 중시하는 것이다. 따라서 순수예술, 순수시 쪽으로 나아가게 된다. 이러한 예술관은 예술 또는 미가 무엇이냐에 따라 많은 논란이 발생하기도 한다. 이승호의 유미적인 것은 인생관으로서 나타난다. 엄정주의적 도덕에 기생하지 않으면서 인생을 아름다운 것, 추한 것도 인정하는 에피큐리어니즘의 자리에 서있다는 것이다. 고대 그리스의 철학자인 에피쿠로스가 "인생 최고의 것은 도덕이나 절제 등으로 얻어지는 마음의 평정이며, 이것이야말로 최상의 쾌락이다"라고 주장한 모습이 읽혀진다는 것이다.

시가 별반 변화를 겪지 못했다./움츠러들고 있다는

느낌./ 다른 즐거움은 없는데/ 시를 쓰는 즐거움은 조금 남아 있다./ 문학적 좌표란, /언제든 쓸쓸하다.

그의 시 전체에 흐르는 사조는 윤리적 · 정치적 · 비심미적에 개의치 않는다는 것이 특징이다. 도덕이나 절제 등으로 얻어지는 마음의 평정에서만이 나올 수 있는 성찰적 시어이다.

「나의 바틀비에게」에서는

몸적으로? 육체적이 아니라/몸적이라니/나의 동료는 몹시 지쳐 보였다//그는 오스트리아가 살기 좋다고 했다//우리나라는 인구도 많고 자원도 없고/아마 그는 취하고 싶었으리라/오스트리아든 오스트레일리아든 무슨 상관이 있을까/그날, 우리는 때려치우고 싶었으니까//화장실과 계단과 박스 치우는 일을 끝내고 나면/우리는 태평양 같은 홀을 말없이 나눠 닦았다//태평양이 여기에 있어 놀랍게도 그의 혼잣말이 나를 흔들었다/이 쓸쓸한 자는?//그는 몹시 지쳐 보였지만/뉴질랜드가 더 살기 좋다고 했다

'바틀비'는 「모비딕」을 쓴 미국 르네상스 시기의 대표적 작가로 알려진 허먼 멜빌(Herman Melville)이 첫 번째로 잡지에 기고하여 알려진 소설이다. 미국의 금융 중심지 뉴욕 월가를 배경으로 산업화, 도시화된 미국 자

본주의 사회의 물질주의를 비판하고 있다. 내용은 계급이 없는 평등한 사회라는 이상과 달리 현실세계의 미국은 폐쇄적인 계급사회일 뿐이다. 화자는 세 명의 고용인에게 자비를 베푸는 것처럼 말하지만, 실제로는 철저하게 계급논리를 내세우며 노동자의 노동을 착취하는 고용주로, 부자 의뢰인과 자신의 이익을 챙기는 데에만 관심이 있다는 내용이다.

여기서 시의 화자는 "화장실과 계단과 박스 치우는 일을 끝내고 나면/우리는 태평양 같은 홀을 말없이 나눠 닦았다" 에서 태평양에 살고 있는 향유고래를 소재로 한 소설 「모비 딕」과 현실에서 증권사 건물에서 청소를 하는 분야를 알지 못하면 이해가 불가한 시적 장치이다. 이 시적 장치는 아름다움을 살펴 찾으려 하지 않는다. 그렇다고 해서 윤리적인 것을 말하고 있지도 않다.

도덕이나 절제 등으로 얻어지는 마음의 평정심으로 단지 현실만을 열거하고 있다. 그러면 정치적인 것을 말하고 있느냐 그렇지는 더욱 아니다. 「필경사 바틀비」의 작가를 데려와 자본주의 사회의 물질주의에 '서투르게라도 저항' 하는 화자가 있음을 밝힐 뿐이다. 그의 관조적이고 유미적인 것을 탐독하려면 독자는 상당한 역할을 감당해야 한다.

독자가 관찰자의 능동성을 보유하고, 독자가 지각자로서 중심적인 역할을 해야 하는 것은 무척 어려운 일이다. 그러나 문학읽기는 그만한 능동성과 지각을 요구한다는 것에 명심이 필요충분조건이 된다.

독자의 능동성이며 관찰자로서 독자인, 즉 인간을 찾아 낸 사람은 스피노자이다. 스피노자는 현대과학 및 심리학의 창시자이자 인간의 무의식 차원을 최초로 간파한 인물이다. 한 인간으로서 사상가로서 스피노자는 그가 살았던 시대보다 약 4세기 전인 에크하르트 시대에 통용되었던 가치들을 구체화시킨 인물이기도 하다. 동시에 사회와 보통 인간의 내부에서 벌어지는 변화들에 대한 예리한 관찰자이기도 했다.

이와 같은 깊은 통찰에 힘입어서 그는 앞선 모든 사상가들보다 한결 더 엄밀하고 체계적으로 능동성과 수동성의 차이를 분석했다. 그의 〈윤리학Ethics〉에서 능동성과 수동성, 즉 행하는 것과 감수하는 것을 정신생활의 두 가지 근본 측면으로 구별한다. 능동성의 첫째 기준은 행위가 본성에 일치하고 있다는 점이다. "우리의 내부나 외부에서 우리 스스로가 마땅한 원인이 되는 어떤 일이 일어날 때, 다시 말하면-앞의 정의에 따라서-오로지 본성이 명징하게 이해할 수 있는 어떤 일이 "우리 내부나 외부에서 본성의 결과로서 일어날 때, 우리는 행동하고 있다고 나는 말한다. 반면에 우리 자신이 단지 부분적인 원인이 되는 어떤 일이 우리의 내부에 일어나거나 우리의 본성의 결과로서 일어날 때, 우리는 견디고 있다고 나는 말한다.”

현대 독자에게는 이런 구절들이 이해하기 어려운 것이다. 현대인은 “인간의 본성”이라는 개념은 논증할 수 있는 그 어떤 경험적 사실과도 일치하지 않는다는 사고에 길들여져 있다. 그러나 아리스토텔레스와 마찬가지로 스피노자는 그렇게 생각하지 않았다. 또한 오늘날의 신경생리학자, 생물학자, 심리학자들 가운데서도 일부는 그렇게 생각하지 않는다. 스피노자는 말(馬)의 본성이 말의 특징을 이루듯이 인간의 본성은 인간의 특징을 이룬다고 확신했다. 또한 인간의 덕성이나 악덕, 성공이나 실패, 행복이나 고통, 능동성이나 수동성은 인간이라는 종 특유의 본성이 그에게 어느 정도 잘 실현되느냐에 달려 있다고 믿었다. 우리가 인간의 본성의 전형에 접근할수록, 그만큼 우리의 자유와 행복도 커진다고 보았던 것이다.

인간의 본성은 인간의 특징을 새긴다. 인간의 덕성이나 악덕, 성공이나 실패, 행복이나 고통, 능동성이나 수동성은 인간이라는 종 특유의 본성이 그에게 어느 정도 잘 실현되느냐에 달려 있다. 인간의 본성의 전형에 접근할수록, 그만큼 우리의 자유와 행복도 커진다. 독자의 문학읽기는 자유와 행복을 찾으려 본성을 바탕으로 하고 있는 것이다.

2. 스피노자가 구상하는 인간의 전형-능동성이 있는 독자 찾기

독자의 능동성은 스피노자가 구상하는 인간의 전형에서 능동성이라는 속성이 또 다른 속성, 즉 이성과 불가분의 관계로 묶여 있다. 우리가 우리의 실존적 조건들에 맞게 행동하고 그 조건들을 필연적이며 실재하는 것이라고 의식하고 있는 한, 우리는 우리 자신에 대한 진실을 알고 있는 독자가 되어, 도덕이나 절제 등으로 얻어지는 마음의 평정한 자세로 세상을 시에 담고자 하는 작가의 기대지평을 찾아야 하는 것이다.

결국 독자의 능동성은 우리 자신에 대한 진실을 알고 있으며, 관찰자로서 독자는 사회와 보통 인간의 내부에서 벌어지는 변화들에 대한 예리한 통찰을 지니고 문학에 접근 하고 있다는 것으로 입장해야 한다. 그렇지 않으면 '뭐야! 무슨 말 하는지 모르겠어.', '문학이 밥 먹여주냐.', '주제에 시인이라니' 라는 말馬과 같은 말을 저절로 뱉어 내곤 속물근성을 보이면서 독자 축에도 들지 못하는 말 좀비가 될 가능성이 크다는 것을 알아야 한다.

「날아라 베토벤」에서 스피노자가 구상하는 인간의 전

형에서 능동성이라는 속성이 또 다른 속성, 즉 이성과 불가분의 관계로서 제대로 읽히는 부분이 있다.

> 막을 올린 즉흥 연주회/저 못생긴 자가 베토벤이라는 촌뜨기야/갓 구운 빵처럼 /매력적인 여성들이 속닥거리네/저 굵은 목을 봐/나무둥치 같지 않아 /필시 피아노를 부수고 말 거야/세계는 나의 고향 /술 취한 아버지처럼 매질을 하네/이곳은 조물주의 오두막/-중간생략-/나를 비웃는 자들에게/열등감이 무엇인지 알려줘야 하고/궁정의 관리들/증권거래소 간부/김일관/장성들과 그들의 요부늘 입을 틀어막게/날아라 베토벤/장엄한 미사곡의 처음을 /삼십 년 전에 연주하네
>
> -「날아라 베토벤」

이성은 개념적으로 사유하는 능력을 감각적 능력에 상대하여 이르는 말이다. 인간을 다른 동물과 구별시켜 주는 인간의 본질적 특징인 것이다. 철학적 의미로는 진위眞僞, 선악善惡을 식별하여 바르게 판단하는 능력임과 동시에 절대자를 직관적으로 인식하는 능력이다.「날아라 베토벤」에서 베토벤은 17살 때 어머니를 여의고 가장의 역할을 오롯이 감당을 말하고 있다. 그는 12살 때 스승 크리스티안 네페(1748.2.5 ~ 1798.1.26)의 추천으로 궁정 오케스트라의 보조, 16세기부터 18세기에 걸쳐 가장 번성한 건반악기였던 쳄발리스트로 일을 시작한다. 처음에는 무급이었으나 얼마 안 되어 그 능력을 인

정받아 '직업 음악가' 로서 일하면서 거의 무능력자였던 아버지를 대신하여 생활비를 벌게 된다. 이 시에서 '술 취한 아버지처럼 매질을 하네' 로 나타내고 있다.

어린 시절의 베토벤은 그 시대 여느 음악인들과 마찬가지 방식으로 생계를 유지하였다. 17-18세기 음악인들의 삶은 매우 열악했다. 그러나 베토벤은 프랑스 혁명의 이념인 자유, 평등, 박애의 정신을 굳게 믿었다. 이를 실현하는 것으로 보였던 나폴레옹을 오랫동안 숭배하였으나, 나폴레옹이 왕이 되려고 하자, 그에 대한 숭배가 분노와 반감의 대상으로 바뀐다. 베토벤은 진위眞僞, 선악善惡을 식별하여 바르게 판단하는 능력을 지닌 인간이었다. 이 시에서 시적 화자는 베토벤처럼 진위眞僞, 선악善惡을 식별하여 바르게 판단하는 능력을 지닌 존재인 것이다.

경제적 후원 없이 먹고 살기가 힘든 구조에서 자존심과 자립심이 아주 강했던 베토벤은 자신이 살고 있는 사회의 계급주의에 반발하며 경제적인 자립과 예술 창작의 자유를 시도했다. 패트런patron인 예술가를 보호한 애호자로부터 독립을 향한 베토벤의 분투는 그 무엇보다도 자유롭게 자신의 예술을 창작하기 위한 강한 의지의 표현이었다. 이 시어의 담지는 시인이 도덕이나 절제 등으로 얻어지는 마음의 평정심을 담아내고자 하는 시적 장치로 보여 진다.

시인 자신도 자신의 가치와 예술을 돈과 권위로 살 수 없다는 의지를 보여준 것이다. 이러한 의지는 이 시에서 '검열관/장성들과 그들의 요부들 입을 틀어막게' 로 표현되고 있다. '궁정의 관리들/증권거래소 간부' 는 베토벤이 살던 궁정과 현재, 시의 화자가 처해 있는 사회의 계급주의에 반발을 보여주는 것이다. 베토벤의 삶은 후대 음악가들 뿐 아니라, 21세기에 사는 우리들이 추구해야 할 진정한 가치에 대한 도전의 요구를 「날아라 베토벤」에 담지하고 있다.

스피노자가 능동성을 실존적 조건들에 맞게 행동하고 그 조건들을 필연적이며 실재하는 것이라고 의식이라고 했다면, '독자의 능동성' 과 '관찰자로서 독자' 임을 존재로서 확인하려면 「낫질에 관하여」가 유용하다.

> 사내라면 능숙한 솜씨의 낫질을 부러워하지/우리는 형제임을 알아보고/엇비슷한 솜씨를 겨루게 될 때까지/낫질을 계속하네/달빛은 그들의 육체에,/그들의 이마에 신성한 빛이 감돌 때까지//혼자인 요셉의 노래를 상상해 보았는가/그는 작은 방을 대지처럼 활보하며/두 팔을 들어 계시자를 불렀거늘//단 열매들은 보답으로 넘쳐나고/내가 형제들의 노고와 함께 돌아갔으니//수확하는 자는 가을의 메시지를 알고도 남는다/씨를 뿌리는 자가 훗날 /자기의 얼굴을 바라보듯

이//짧고 빠르게 /원을 그리며 순식간에 해치워버리는 낫질의 반복//인간의 행위들 가운데 빛나고 거룩한 바 있다면 /몇 배의 기쁨으로 되돌아온다//신이 아니라면 인류가 /두 손을 가슴에 모을 필요가 있었겠는가/곡식 다발을 안고 선 내 형제들처럼

-「낫질에 관하여」

이 시에서 '낫질' 은 '혼자인 요셉' 이 '두 손을 가슴에 모아', '두 팔을 들어 계시자를' 를 부르는 행위에 연결시킨다. 독자는 시의 화자가 왜 낫질을 '두 팔을 들어 계시자' 를 부르는 것으로 관찰해야 하는 가는 한 종교의 지식을 담보로 해야 한다.

인간은 실존적으로 무언가 '되어가는' 존재이다. 인간은 늘 '길 위에' 있다. 인간에게 '존재(be)' 한다는 혼자 힘으로 태어난 존재가 아니므로 삶의 조건에 영향을 받을 수밖에 없다. 이러한 사회적 조건이 인간은 인정욕구를 모두 충족시킬 수 없다는 실존에 처해있다.

인간은 매개적인 자기의식을 갖고 있어 세계와의 관계를 통해 자기 자신과의 관계를 정립하는 존재이고, 세계와의 관계를 올바로 정립하지 않는 한 결코 내면의 자긍심으로써 실존할 수 없는 존재인 한, 사태를 근본에서 성찰하는 철학의 관점에서 볼 때 '인간은 선천적으로 선한 존재' 라는 '성선설' 이 옳다.

이 시는 요셉을 등장시킨다. 요셉의 실존이 나오는 성

서에 '하느님의 심판' 은 언뜻 '사람은 누구나 선한 사람이 될 수 있다' 라는 인간에 대한 성선설과 근본적으로 상충하는 듯이 보인다. 만약에 인간이 선천적으로 선한 존재이고, 세상의 어떤 악인이라도 단지 환경과 상황을 잘못 만났을 뿐 누구나 선한 사람이 될 수 있다면, 하느님이 인간에 대한 교화를 포기하고 끝내 심판을 집행하신다는 것은 논리적으로, 그리고 도덕적으로 맞지 않는 일이지 않느냐는 것이다.

인간은 선천적으로 선한 존재이고, 누구나 선한 사람이 될 수 있다는 사실이나, 심지어 인간은 정신을 본질로 가진, 우주에 질서와 의미를 부여하는 존재라는 사실은 결코 '곡식 다발을 안고 선 내 형제들처럼' 요셉의 신은 인간에게 유리한 측면이 아니며, '낫질' 이 곧 인간에게 유리한 행위라고 능동적으로 관찰해내야 한다.

따라서 마치 날씨를 비롯한 모든 조건이 완벽히 갖추어졌음도 불구하고 농사에 실패한 농부에게 책임을 물을 수 있듯이, 인간으로서 충분한 기회가 있었음에도 불구하고 자신의 위대한 가능태를 현실태로 만들지 못하고 끝내 망쳐버린 책임, 그것이 바로 '하느님의 심판' 은 '원을 그리며 순식간에 해치워버리는 낫질의 반복' 으로서 '인간의 행위들 가운데 빛나고 거룩한 바' 가 무마 시킬 수 있다는 것으로 시는 말하고 있는 것이다.

3. 시적 화자의 매개적인 자기의식으로

「원룸맨」에서 요셉의 하느님을 믿는 사람이 '예수쟁이 여자'가 나타내진다. 국내에서의 활발해진 개신교의 활동 및 수많은 사건 사고들이 매우 눈에 띄는 관계로, 개독교와 똑같은 위치의 멸칭이다. 그러나 그렇게는 보이지 않는다.

> 할 일이 없었으므로/또 무사한 하루가 시작되었다//빛은 작은 창을 통해서 낮과 밤의 언저리인 듯한 일정한 음조로/그의 하루를 숨겨주었다/아주 작은 소리가 들렸지만/그것은 실재감 있는 어떤 사물의 것도 아니며/공원의 새들처럼/달갑지 않은 존재들뿐이라고 그는 생각했다//꽤 시간이 지난 일이군/나는 정말 열심히 일했지 개처럼 주인을 모셨어/사장은, 늘, 개는 주인을 물지 않는다/그렇게 떠드는 자였는데//내가 자기를 물었다는 것인지/내가 개라는 뜻인지/정말이지 살아간다는 것은 할 짓이 못 된다고 사내는 생각했다//예수쟁이 여자가 문을 두드려보고 사라졌다/지겹도록 똑같은 말 그놈이 그랬어/이제 자신이 무엇에 대고 중얼거리는지 모르는 채//사내는 새로운 생각을 찾아보기로 마음먹었다/무엇인가 그를 피식 웃게 했지만/곧 얼굴을 찌푸리며/고치처럼 누워 그의 하루는 꼼짝도 하지 않았다
>
> -「원룸맨」

경멸하여 일컬어 사용한 '예수쟁이 여자' 와 '새로운 생각을 찾아보기로 마음먹은 사내' 는 '열심히 일했지 개처럼 주인을 모셨어' 에서 시적 화자의 매개적인 자기 의식으로 끌어 들인다. 스피노자는 인간은 매개적인 자기의식을 갖고 있다고 보았다. 인간의 정신 속의 매개적인 자기의식은 지금까지 '철학의 미개척지' 였다. 그러나 그곳은 "인간의 실존을 위한 엄청난 것이고 매개적으로 형성되는 의식이라는 것이다. "정신의 현상은 곧 정신의 경험이다" 라는 헤겔의 명제가 의미하는 바가 바로 "인간의 자기의식은 자신의 현상을 통해서 그대로 매개되는 의식" 이라는 사실이다.

이러한 매개의식은 생산자로서 경멸받아온 노동자들이 이제 소비자로서 대접받으며 유혹 당하는 것의 반대 매개되는 의식으로 배치된 것과 같다. 이러한 시적 화자가 현실에서 원하는 혁명의 방식은 일상적인 것은 아니다. 현실에서 이 시인의 사회적 상상력인 스펙타클은 단순한 이미지들의 집적이 아니라 이미지들에 의해 매개되는 사람들 사이의 사회적 관계, 소외된 사회 경제적 관계들의 물질적 대상화, 개인들을 분리하여 대화를 단절하고 단일한 계급의식을 차단, 분리를 염두하고 있는 것이다.

개처럼 주인에서 일면 해주던 이가 /무엇인가 그를 피

식 웃게 했지만/곧 얼굴을 찌푸리며/고치처럼 누워 그의 하루는 꼼짝도 하지 않았다/에서 상황주의적 면모가 보여 진다. 상황주의란 정해진 원칙 없이 그때그때의 판단을 따른다는 것이다. 「랭보를 위하여」가 잘 보여진다.

> 마리화나 권총 아프리카춘화 밀주 향신료 상아 등속을 군용모포에 말아 팔러 다니는 사내가 있었다/그는 다른 것도 가져다주었다//참혹한 길거리나 짐칸 뱃바닥에서 끝끝내 영광을 차지한 /어느 시인의 짧은 생애,/그가 가져다준 책 속에는/밤마다 설탕을 훔쳐 먹은 죄 그 벌 때문인가요./선물을 받지 못한 한 아이의 슬픔이 끝까지 울음을 참고 있었다.
>
> -「랭보를 위하여」

「국경 근처에서, 집을 말하다」에서

> - 중간 생략-
>
> 예수회 신부는 소가 되어 쟁기를 걸고 헐떡이면서 /밭을 간다 /그는 동굴로 돌아와 쓰러진다 쓰러진다 /내가 그 아이의 눈빛과 마주쳤으니 /나는 천국에서 도망친 자와 다름이 없구나 그는 흐느껴 울고 울다가 //돌을 움켜쥔 채 피투성이로 싸우는 아이/나는 그 아이를 존엄성이라 불렀다/집을 위하여/모든 요설가를 제압하는 집의 사상이 있고//2/여기는 피레네의 어느 움막집인가 /라인강 수풀 속에 잠든 나룻배인가/강촌 휴게소에 내려 담배를 태우며 /오후의 저 빛나는 새

들을 바라본다/나는 또 국경 근처에 이르렀다 /어찌 저 같은 자를 집으로 불러주셨습니까?//집을 파괴하는 짓 영원한 종교의 땅에서 집을 /등지게 하는 것/숭고한 우리의 처소를/소굴과 연애 장소를 가시덩굴에 내맡기는 것/아이의 장난감들/잠이 들기 전 어머니의 달콤한 노래를 삭제한다는 것, 전쟁이//나는 집을 떠나네 /시간보다 낯선 고장을 찾아서/청호반새 /다시 반기지 않으리 /나는 한 여인의 초상을 지니고 있다/그녀는 개다 만 옷가지를 붙잡고 운다 그것 사물들은 그녀에게/붙들린 채로 함께 운다/누구의 집 누구의 죽음이었을까/흐느낌과 바스락거림과 부산함이 섞여들었다//더 이상 울지 않는 울음소리가/그러나 꿈의 그 집에서는 아무래도 나를 찾을 수 없어

'강촌휴게소에 내려 담배를 태우' 는 시의 화자는 랭보를 호명한다. 호명은 이름을 부른다는 뜻이 있지만 여기서 호명은 나는 나 자신에게 다가서려고 해도 결코 그 주체의 본질을 찾을 수 없다는 입장으로서 랭보를 호명한다. 호명은 알튀세르가 이데올로기가 주체를 생산한다는 주장을 하면서 시작한다. 경찰관의 비유가 있다. 경찰관이 이봐! 하면? -뒤돌아 본다. -네, 볼 때, 아 나구나? 라고 생각 지레짐작 한다 것에서부터 출발한다.

현대 자본주의의 주체가 호명의 주체라고하면 우리의 정체성을 규정 하는 게 호명되었다고 할 수 있다. 호명은 현대 자본주의만이 아니라 체제, 모두가 되는 것이다. 체제는 관계가 만드는 것이기 때문이다. 관계 속에

서는 나, 너, 그 세 명만 모여도 관계 가 된다. 관계 속에서는 우리의 정체성은 호명으로 만들어지고 구성되는 것이다. 관계 속에서는. 여기서 제일 중요한 것은 관계가 곧 체제는 아니지만 관계가 체제를 받침 한다. 그래서 관계 속에서는 호명의 주체가 된다. 우리는 거기서 정체성을 찾는다.

-나를 찾으려고 -한다. 관계 속에 들어 올 때, 무조건 나를 찾으려고 하는 것이다. 그런데 우리는 현대 자본주의는 특색 있는 체제인 것은 우리는 없다. 국가도 없고, 민족도 없고. -나만 있죠. -네, 있으니까. 가족만 있게 된다. 가족 속에서 나, 정체성, 이걸 찾으려고 하는 게 호명의 주체인 것이다. 인간은 거기서 벗어날 수 없다. 벗어나기 어렵다. 이게 알튀세르의 주장이다. 비인간적인 인간이라고 말할 수 있다. 거기에다 반인간적이고 반인류학적 일수 있다. 유미주의가 전적으로가 아니라 유미적인 것으로 말한 지점과 같은 상황이다.

알튀세르에 의하면 인간은 분열, 간극, 오인이야 말로 그 자체로써 인간 조건의 특징이 된다. 오인과 간극과 분열이야 말로 불가피한 것임을 인정해야 하는 것이다. 주체는 어떤 그, 오인이나 간극이나 거리두기를 통해서 구성된다, 절대로 나는 내가 생각하는 내가 될 수 없다. 데카르트가 주체를 세계에 침투시켰다는 것과는 다르다. '나는 생각한다, 고로 존재한다' 는 주체를 아주 자명한 주체를 체제에 기입 시켰는데, 그건 완벽하게 틀린 말로 규정한다. 우리는 기입할 수 없다라는, 그 자격은 주체에게 없다. 왜냐하면 관계적 주체니까. 우리의 주체는 관계적 주체이다. 그 관계적 주체가 바로 문명과 문화를 만드는 것이고, 관계적 주체가 우리 세계를 구성하는 것이기 때문이다. 그것을 벗어나서는 결코, 주체를 만들어낼 수 없다. 주체라고 하는 나의 이름을, 혹은 구성체를 만들어 낼 수 없나라는 것이다.

이 시에서 /누구의 집 누구의 죽음이었을까/흐느낌과 바스락거림과 부산함이 섞여들었다/에서 시인은 /나는 한 여인의 초상을 지니고 있다/에서 관계적 주체를 형성한다. 이렇게 형성된 관계가 /그러나 꿈의 그 집에서는 아무래도 나를 찾을 수 없어//로 우리 세계를 구성을 설계하고 있음으로 보인다.

4. 주체 만들기

노인 한 분이 리어카에 종이박스를 가득 싣고/대로를 건너간다//고달픈 가난을 형벌처럼 끌고서/차량과 사람들 모두 그분의 무단횡단을 지켜보고 섰다/청계천 무말랭이 같은 한 청년의 투쟁기*를 읽다가/나는 책상에 엎드려 울고 말았다//잔뜩 몸을 웅크린 그

림자처럼 검은 벽 위에 흔들리며/너무 투명해서 자칫
그런 사람은 보이지도 않을 것처럼

-「가난한 사람들」

이 시는 『전태일 평전』을 읽고 난 주체가 만들어 진다. 우리는 아무것도 아닌 것에서 시작된다. 그래도 시작된다는 것은 인정하는 것이다. 태어났다. 그래서 주체가 시작된다. 주체는 만들어지는데, 아무것도 아닌 것에서 만들어진다. 기원은 없지만 시작한다. 기원은 문명과 문화를 만드는 관계적, 우리 호명들의 그 구성물이다.

사회구성체는 그렇게 우리가 관계를 통해서 무리 속에서 만들어지는 것이다. 그 기원을 찾다보면 시작의 매듭들이 계속 이어진다는 연속적 사고가 아니라 어떤 기원을 찾는 모험이 되는 것이다. /청계천 무말랭이 같은 한 청년의 투쟁기*를 읽다가/읽는 이 시간이 에너지로 들어오는 것이다. 이 시인은 『전태일 평전』을 읽고 알튀세르의 호명을 성공하고 있는 것이다.

이 시인의 철학은 여전히 능동성과 수동성의 묘한 거처에 있다. 아마도 앞에서 호명된 것들이, 보통 우리가 대체로 별 생각 없이 '사려 깊은 것' 이라고 부르고는 하는 그러한 모든 것 일 도 있다. 이 시인의 적극적인 동기는 인간을 보다 넓은 내지의 독자층에게 호소하는 호명서사와 정체성의 문제를 이야기하는 것으로 한다.

5. 이타주의를 위한 방어기제

불의 새(1953년)를 쓴 이토오 세이(伊藤整, 1905-1969)는 예술가의 생활과 예술, 예술과 양심의 분열 등의 문제와 자의식에 천착했다. 특히『젊은 시인의 초상』에 나타난 주인공의 자의식은 방어기제로 나타내었다. 하나는 거짓된 자아 조형과 그 원인으로서, 또 다른 하나는 방어를 위한 자기 고발과 변호로서, 나머지 하나는 타자중심적인 내면세계를 통해서 글을 완성했다.

자신의 방어기제에는 성숙한 방어기제가 있다. 첫째가 이타주의인데 타인을 돕는 일로 대신해서 만족감을 얻는 것. 자신이 욕구를 직접 충족하는 것이다. 둘째가 유머인데 불쾌하고 기분 나쁘거나 화가 나더라도 불쾌감이나 무안을 주지 않고 농담으로 웃으면서 넘어가는 것이다.

「이 시대의 욥」에서

단 한 번도 신을 배반한 적이 없다면 배반의 여지가 남았으리라//차라리 몇 번이라도 배반을 거듭한 자가 끝내 신의 품으로 돌아가지 않겠는가//옥수수밭 모퉁이에서 옛 집터를 바라보며 서 있는 늙은 사내 그에게 추억이란 없다//매 순간을 고난의 이름으로 받아들이려고 했을 뿐//술과 떡과 풍악 소리가 이 사내에게는 아무 소용이 없다

바이블에서 욥기는 한 사람의 일대기를 시에서 다루고 있다. 욥이란 이름은 박해받는 자 혹은 미움받는 자를 뜻한다. 욥의 주제는 고난이라기보다는 인과응보사상에 대한 재해석이기도 하다. 욥이 평생 동안 신봉해왔던 가치의 기반이 무너져 버리자 욥은 자기의 고통을 통해 자기 주위를 살펴본다. 그는 인간의 행동과 그의 운명과는 아무런 상관이 없으며, 옳은 자가 고통을 당하고 악한 자가 번성하며 심지어 죽음을 갈구하는 자에게 죽음까지 피해가는 세상을 본다.

시인은 성경적 인물인 인간 욥을 택하여 매 시대 평범한 인간이 인간 존재에 대해서 느끼는 의심과 반항 그리고 분노가 아닌 타인을 돕는 일로 대신해서 만족하는 /옥수수밭 모퉁이에서 옛 집터를 바라보며 서 있는 늙은 사내/의 이타주의로 연결하고 있다.

자식을 위해 희생하는 어머니, 국가에 헌신하는 군인, 믿음을 배반하지 않는 순교자, 물에 빠진 사람을 위해 제 목숨을 내놓는 구조대원들이 있다. 우리는 동서고금을 막론하고 등장하는 희생의 사례들을 보며 인간이 뼛속까지 자기만 아는 동물은 아니라는 점, 오히려 그 반

대로 우리는 모두 근본적으로는 이타주의자들이다.

/매 순간을 고난의 이름으로 받아들이려고 했을 뿐/에서 타자중심적인 내면세계와 성숙한 방어기제를 통해 예술과 양심의 분열 등의 문제와 자의식에 천착하고 있음을 보여주고 있다.

「최초의 아버지」에서

> 저 빛의 섬뜩한 덩어리를 보다 눈이 먼 자가/생명보다 더 강력한 자를 /이야기로 지어내기 시작하면서/비극은 시작한다 우리의 종교와 철학이 그곳으로부터//최초의 인간이란 어떤 자일까 그의 시대란/어떤 문제와 마주쳤을까 빛일까/그것은 내 형제의 얼굴과 똑같은 암흑이었을까/최초의 아버지 당신이 아니길 바라며/나는 그가 궁금했다/그의 사냥술이 형편없을지라도, 아버지니까/아버지의 시대와 나는 멀지 않은 연대라고 생각했으니까//지푸라기가 운다 장작더미처럼 운다 무당새가 노래한다고, 운다//나는 키 작은 농구선수가 삼점슛 하는 걸 보고 운다 그 외에도 나는 쓸데없이 혼자 운다 그만 울어야지// -중간 생략- /그 무한한 지층과 바깥의 세계를 알아채기만 한다면 /최초의 아버지는 나무이며 검은색이며 한 마리 빛을 쏘는 부엉이 같았다/그만 집으로 돌아오시지/일찌감치 자신의 심판관이며 /등잔에 쓸 기름병을 들고 어둠속에서 멈칫거리는 나여

이 시는 종교적 절대자를 말하지만 시인의 자의식을

보여주고 있다. 그러면서 불쾌하고 기분 나쁘거나 화가 나더라도 불쾌감이나 무안을 주지 않고 유머를 녹여낸다. 시중에 쓰는 말로 '웃프다'. 내 형제의 얼굴과 똑같은 암흑이었을까?/최초의 아버지 당신이 아니길 바라며/와 /나는 키 작은 농구선수가 삼점슛 하는 걸 보고 운다/의 문장에서 성숙한 방어기제가 보여 진다. 그러면서 방어를 위한 자기 고발과 변호 자의식에 천착은 종교적 절대자를 최초의 아버지로 대상화 하면서 시인 자신이 자신을 믿으면 내가 바로 /아버지의 시대와 나는 멀지 않은 연대/로서 절대자絶對者가 되고 있다.

방어기제에서 내사는 심리주의 비평이론의 한 꼭지이다. 인간은 자신에게 필요한 것을 외부환경으로부터 받아들이고, 외부로부터 받아들인 것들을 스스로 소화하고 동화시켜 정신적인 성숙을 이루게 된다. 독일 출신의 정신과 의사로, 게슈탈트 치료를 창시한 프리츠 펄스(Fritz Perls, 1893~1970)는 이러한 것을 '치아 공격성 Dental Agression' 이라 불렀다. 인간은 외부로부터 받은 정신적 자극을 이로 씹어 먹듯 잘게 부수어 자신의 것으로 바꾼다고 하는 것이다. 이는 교육현장에서 자주 강조되는 '비판적 사고' 의 근간이 되는 인간의 본성이다. '모르면 외우세요' 라는 말이 그를 반영 말 이라고 할 수 있다. 그러나 모르는 것에 대해 스스로 잘게 부수어 비판적으로 생각해보지 않으면 그것은 진정으로 아는 것이 될 수 없다. '인간은 아버지를 비판하고 부정할 수 있을 때 비로소 어른이 된다.' 는 말을 적용 한다면 이 시에서 아버지는 자기방어로서 내사이며, '치아 공격성 Dental Agression' 을 보여 주고 있는 것이다.

거기에 이 시인이 〈시인의 말〉에서 고백처럼 /시가 별반 변화를 겪지 못했다./움츠러들고 있다는 느낌./ 시인이 살고있는 공동체에 도움이 되는 조언을 해주지 못하고 있다는 강박에 서 있기도 한 것이다. 이 시인은 이미 사신만의 '문학적 좌표' 개념에 도취되어 있을 수 있다. 그래서 빈약한 재능에 열등감을 느껴 자신의 박식함을 과시하려 든다는 오해를 접할 개연성을 얻을 수 있다.

6. 존재와 세계에 대한 시인

「슬픔의 힘으로」에서

1/고운 색 어치들이 가지에서 옮겨 앉을 때마다/무리를 따르며 훌쩍 사라질 때마다/그들의 하루가 어제와는 다를 것이라 생각했다//-생략-메마르고 고집스러운 내 얼굴은 조금도 흔들리지 않았으리라//2/슬픔을 주재하는 신이 있다면/인간의 구원자일까 아니면 천상에서 쫓겨난 파괴자일까//3/갯바위에 닿는 잔물

> 결처럼/거짓을 모르는 시간/파도 거품은 모래밭에서 사라지고/뱃사람들은 능숙한 솜씨로 석양을 향해 배를 몰고 나아간다/저 깃발의 피/깃대를 버리고 솟아나려는 것처럼/불과 빛의 정령들/서로에게 이끌려 오늘의 석양을 펼쳐놓고/힘이 빠진 듯 잔잔해진 파도가 마음을 어루만진다.//지난 시간 비바람에 시달리고/저녁 새들은 울음을 삼키고 있으려니/바다와 유영하는 별들과 새들의 노래는 얼마나 /친근한 것인지/어떻게든 살아야 하는 계절이 다시 오리라

이 시는 현실의 풍경이 아니라 '보는 주체의 관점과 관련된 풍경' 이라는 각도에서 작품 속 풍경에 접근하고자 할 때 두 주체 '슬픔을 주재하는 신' 과 '고집스러운 내 얼굴' 을 둘러싼 풍경은 존재와 세계에 대한 시인 자신의 비전을 함축하고 있는 것이다.

모든 시인에게 자신이 유식하고 박식함을 과시하는 현학적 허세는 오히려 유치함만 더해준다. 글은 어려운 것도 쉽게 표현할 때, 비로소 읽는 이에게 자기의 생각을 바르게 전달할 수 있는 것이다. 자기 수준에 맞는 적절한 어휘 선택의 훈련이 필요하다. '지난 시간 비바람에 시달리고' , '힘이 빠진 듯 잔잔해진 파도' 에서 보여지듯 적절한 어휘 선택의 훈련이 잘 되어 있다.

「어느 거지의 고백」에서

아가씨, 제 기쁨은 /당신을 바라보는 것이랍니다./당신이 장을 보러 갈 때 /그 여드름 핀 얼굴이며/약간은 흥분한 듯 콧노래를 부르는 모습이//당신은 어김없이 제게 동전 한 닢을 주시지요/그러곤 날아가버리는 겁니다//저는 당신이 그 예쁜 손으로 /동전을 살며시 놓고 갈 때/정말이지 뭐라 말할 수 없답니다/향기에 취해,/신이 아시면 천벌을 내리겠지만요

이 시에서 유식하고 박식함을 과시하는 현학적 허세는 전혀 없다. 오히려 시적 화자인 걸인이 되어 사회에서 소외되었거나 몫이 없는 곳에 머무는 이들을 대변하려는 시인의 자세가 돋보인다.

거지는 자본주의에서는 거인이다. 자본주의에서 몫을 빼앗긴 존재로서 거지는 쓸모없는 거인과 같은 존재로 여겨진다. 거인은 그래서 괴롭다. 그저 남보다 덩치가 몇 배 크다는 것뿐인데, 사람들은 그를 미워하고, 산으로 몰아내고, 그것도 모자라 사냥해서 죽이려 드는 것이다. 남과 다르다는 게 정말 그렇게 죽어 마땅한 죄악은 아니다. '다르다'를 '틀리다'로 바꿔 말하는 게 예사가 되어버린 이 사회가 거지이자 거인에게 비친다. 팍팍한 세상을 좀 더 너그럽고 선하게 매만져가는 길을 /그 예쁜 손으로 /동전을 살며시 놓고 갈//그 여드름 핀 얼굴이며/약간은 흥분한 듯 콧노래를 부르는 모습/에서 찾는 시인의 시선이 불친절한 세상에서 아름다울 뿐이다.

「경멸하는 책」에서

그는 두루 경멸조였다/얼치기와 귀부인과 예술과
연회초대장을 받은 자들에 관해서라면 더더욱//일찍
이 그는 명성을 얻지 못했으니 이유인즉/대가라는 분
들이 그를 외면했기 때문이다//제멋대로야 도통 신경
을 안 써/대체 어떤 일이 벌어진 것일까/그의 문장은
자기 자신을 압도했을 뿐/우리의 감정 따위를 보살피
지 않았다/심지어 이건 우리를 망가뜨리려고 작정한
거야//몇 개의 문장이면 충분하다/경멸하는 책 그런
책은 어딘가에 존재해야 했으므로

이 시는 풍자를 직설적으로 /얼치기와 귀부인과 예술/을 묶어 낸 실력은 압권이다. 뭐라 해도 얼치기 예술은 풍자에서 자유로울 수 없고 시인의 비판과 견제에 겸허해야 한다. 누구든 이 '얼치기' 라는 타이틀을 벗은 예술을 지향해야 한다. 그래서 귀부인이 아닌 불행의 전형적인 요소들을 짊어진 인간으로서 예술가가 되어야 한다. 이 시는 그것을 말하고 있다. 귀부인과 얼치기 예술을 통한 상징은 풍자와 조롱의 대상을 은유하고 있다. 직설할 수 없는 시대에 특히 악한 자, 뻔뻔한 자를 건드리고 희롱하는 하고자 제목마저 「경멸하는 책」으로 정한 듯하다.

7. 다양한 해석을 위한 원근법주의

「불친절한 시」에서

> 친절하게 시의 길을 일러주는 자는/옳은 스승이 아니다//무턱대고 시를 앞에 던져 놓고/삼켜봐라/그렇게 가르치는 자도 현명한 스승은 못 된다//어느 쪽이 합당할까/친절과 불친절 중에//편의점 여자나 약국 주인의 태도와는/차원이 다른 문제/나는 감수성이 예민한 학생의 작품을/살펴주지 않았다/그러니 제대로 된 선생이 아닐 수밖에//뭐 이런 시가 있어!/훗날 대가는 그런 모욕감을 견뎌낸 자가 분명하다/식당 여급의 친절함이/순식간에 나를 뒤흔들만한 기적은 아니지 않은가

이 시는 학습자와 가르치는 사람사이에 발생하는 깊은 호의를 담아내고 있다. 가르치는 사람의 불친절을 보석처럼 알아야만 읽어 낼 수밖에 없다. "그릇이 큰 사람은 남에게 호의와 친절을/베풀어주는 것으로 자신의 기쁨으로 삼는다./그리고 자신이 남에게 의지하고/남의 호의를 받은 것을 부끄럽게 생각한다./즉 내가 남에게 베푸는 친절은 그만큼 자신이/그 사람보다 낫다는 얘기가 되지만,/남의 친절을 바라고 남의 호의를 받는 것은 그만큼/내가 그 사람보다 못하다는 의미가 되는 까닭이

다." 그리스 철학자 아리스토텔레스의 말이다.

이 말에 의하면 '그 사람보다 못하다는 의미'를 가지지 말고, 자신에 대한 존엄성이 타인들의 외적인 인정이나 칭찬에 의한 것이 아니라 자신 내부의 성숙된 사고와 가치에 의해 얻어지는 개인의 의식인 자존감(self-esteem)을 지닌 /감수성이 예민한 학생/이 되도록 /옳은 스승/으로서의 불친절을 가장한 호의가 돋보이는 서술이다.

「서투른 자의 노래는」에서

> 아직 삶은 남아 있네/생명의 울타리 위에 지저귀는 새들과 함께/아이들이 떠난 옛 골목길/아이들을 부르며//마음이 커간 것/한순간에 벌어진 일들/모두 어쩔 수 없네/나 이 세상에 엉뚱한 말을 남기고 돌아온 날도/작은 손을 펼쳐 모으고 새를 부르던 /그 아이의 꿈처럼//아저씨 공 좀 차 주세요 /뻥, 빗맞았을 때/다시 놓고 찰 때 /어이쿠 엉뚱한 방향으로 공이 날아갈 때/정말 어이없어/이해하기 어렵다는 표정으로/귀여운 아이가 나를 쳐다보고 있을 때

이 시에 보이는 것뿐만 아니라 이승호의 전반적인 시들은 원근법주의이다. 원근법주의는 첫째 모든 견해는 다양한 해석의 하나이다. 즉 모든 견해는 해석이나 관점에 의존적이다. 둘째 다양한 해석에서 올바른 것을 골라

낼 수 있는 중립적 기준이란 없다. 즉 해석으로부터 독립적인 사실이나 대상은 존재하지 않는다. 셋째 다양한 해석만이 존재한다. 즉 진리란 없다.

우선 「서투른 자의 노래는」는 생명으로 볼 것 인가, 시인의 회한이자 후회와 감사로 볼 것인가의 관점 뿐 만 아니라 아이의 기준으로 볼 것인가의 문제가 존재한다.

/아직 삶은 남아 있네/생명의 울타리 위에 지저귀는 새/에서 보이듯 생명의 견해로 본다면 "일체의 이론은 회색이고 생명의 황금수黃金樹만이 푸른빛이다." - 괴테, 『파우스트』, "생명은 기다려주지 않는다. 생명은 되돌아오지도 않는다." - 바슐라르, 『꿈꿀권리』, "살려고 하고 그 존재는 유지하려고 하는 것은 모든 생명체의 고유한 성질이다." - 프롬, 『인간의 마음』, "나는 나무에서 잎사귀 하나라도 의미 없이는 따지 않는다. 한 포기의 들꽃도 꺾지 않는다. 벌레도 밟지 않도록 조심한다. 여름밤 램프 밑에서 일할 때 벌레와 날개가 타서 책상 위에 떨어지는 것 보다는 차라리 창문을 닫고 무더운 공기를 호흡한다." - 슈바이처, 『나의 생애와 사상』, "생명은 자기 자신만으로는 완결이 안 되는 / 만들어짐의 과정.// 꽃도/ 암꽃술과 수술로 되어 있는 것만으로는/ 불충분하고// 벌레나 바람이 찾아와 암꽃술과 수술을 연결하는 것.// 생명은/ 제 안에 결여를 안고/ 그것을 타자가 채워 주는 것." - 요시나 히로시, 「생명」과 같은 견해에

상상력으로 연결되어 지는 것이다.

서투른 시인의 회한이자 후회로서 다양한 해석에서 올바른 것을 골라낼 수 있는 중립적 기준으로 본다면 이 시의 여덟 번째 연 /모두 어쩔 수 없네/에 나타나는 것을 후회로 골라 낼 수있다. '어떤 행위를 후회하는 자는 이중으로 비참하거나 무능하다. 최초에 좋지 않은 욕망에 의해서, 다음은 슬픔에 의해서 정복될 사람이기 때문이다.' 스피노자의 윤리학에 나오는 말이다. 시인은 지금 비참하거나 무능 아니면 슬픔에 의해서 정복될 처지에 놓인 것으로 해석 할 수 있다. 그러나 앞에서 많은 내용을 설명 했듯이 시작 연에서 /아직 삶은 남아 있네/를 '감사' 로 해석한다면 '이 세상에서 가장 상쾌한 과실은 감사이다' 기원전 고대 그리스 시인이자 극작인 메난드로스의 불완전 단편들에 나오는 말처럼 '상쾌한 과실' 같은 감사로서 시작하고 있는 것이다.

다양한 해석으로서 /그 아이의 꿈처럼//과 /귀여운 아이/에서 나타나는 아이의 입장에서 존재와 진리가 아닐지라도 해석 되어 질 수 있다. '아이는 미래이며 回歸인 것입니다 아이는 胎이며 바다인 것입니다.' 릴케가 시도시집時禱詩集에서 노래한 것처럼 시인 이승호가 한번 돌고 다시 본래의 위치로 돌아오는 것. 되풀이 하는 것. 꿀벌이나 비둘기, 연어가 태어난 강에서 멀리 떠나도 다시 제자리로 돌아오는 것을 회귀성, 회귀본능을 말하고 있는지도 해석할 수도 있다. 거기에 태胎는 아기가 뱃속에 잉태되는 불완전한 시기이다. 그러므로 미완성이라는 말이다. 새로운 생명이 시작되려고 하는 것이지만 아직 착상이 안 된 상태라서 매우 조심해야 한다. /귀여운 아이가 나를 쳐다보고 있을 때//에서 보이는 조심하지 않은 자신을 책망하는 것이라고도 볼수 있다는 것이다.

그런데 이러한 주장도 다양한 해석의 하나이다. 그래서 이런 주장을 귀담아 들어야한다. 혹은 다양한 해석이 존재한다는 니체의 주장은 옳은 것이다. 다양한 해석이 존재한다는 것은 니체에 대한 해석도 다양할 수 있는 것이다. 그래서 어떤 해석이 더 설득력이 있는지 더 이상 따져서는 안 된다. 결국 니체를 아주 부정적으로 바라보는 해석도 그 나름의 중요한 가치를 갖고 있듯이 말이다. 오직 해석만 존재한다는 것은 그 해석의 대상조차 없다는 것이다.

원근법주의 혹은 관점주의에서 본다면 모든 것이 관점이 중요하다. 즉 모든 것이 다 해석이다. 주어진 텍스트에 대한 다양한 해석이 가능하며, 맥락에 따라 혹은 관점으로 설득력이 있고 정당한 것을 찾아 낼 수 있다. 그것이 독자가 관찰자로서 능동성을 보유하고, 독자가 지각자로서 중심적인 역할을 해야 하는 것이다. 그래서 문학읽기는 그만한 능동성과 지각을 요구한다는 것에 명심이 필요충분조건이 된다. 이승호의 시 읽기 뿐 만아니라 부단한 빈자리 채우기를 독자는 해내어야 한다. 엄정주의적 도덕에 기생하지 않으면서 인생을 아름다운 것, 추한 것도 인정하는 에피큐리어니즘의 자리에서 다른 인간을 어루만지는 태도와 더불어 불친절한 세상을 향해 서투르게라도 저항하고자 고달프게 언어를 기록한 시인의 기대지평을 만날 때 까지 말이다. ▪